おけいこサプリ

立花プラス

Ikebana lesson
Supplement

池坊 専永 監修
豊田 光政 著

はじめに

本書は、日々お稽古を楽しみながら、初心者の域から一歩踏み出して基礎を固めたい、習熟したいと考えている方に向けて製作しました。

本書では、基本となる三カ所遣い、二カ所遣いの作品を、それぞれ草物のみを用いた場合、木物と草物を用いた場合の作例を見せ、さらに木草を使った作品では、木物・草物をそれぞれ真とした作例を挙げています。また、あしらい無しの写真を並べて掲載し、空間を充実させるあしらいの役割が学べます。

他に、チャレンジする機会の少ない直真の立花や、役枝に強弱をつけた立花など、初心者が次のステップへと進むヒントとなる作例を多数掲載。皆さまにとって、普段のお稽古のプラスとなるサプリメントのような書籍となれば幸いです。

目次

第2章　除真の立花

花器の変化

第5章　習物七ヶ條　立花十九ヶ條　砂之物

第1章

立花の基本

役枝の挿し口・出所

立花正風体では、九つの役枝が定められています。また、その挿し口や前後左右へ出る場所（高さ）、そして役枝のバランスも決められています。これを覚えてしまうことが、上達への近道です。

〈挿し口図〉

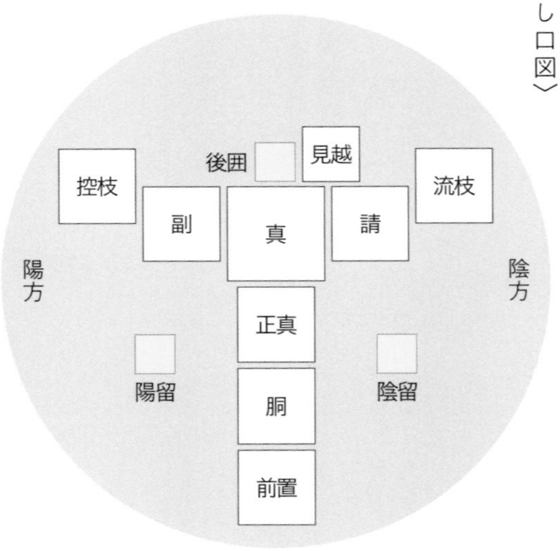

基本となる作品は、花器の高さ約25センチ、花器より上の花の高さは、花器の約3倍を目安とします。これは、花材の状況により柔軟に対応しても構いませんが、まずはこの寸法を守ることで、立花の型が持つ美しさの感覚を身に付けましょう。

〈役枝の出所〉

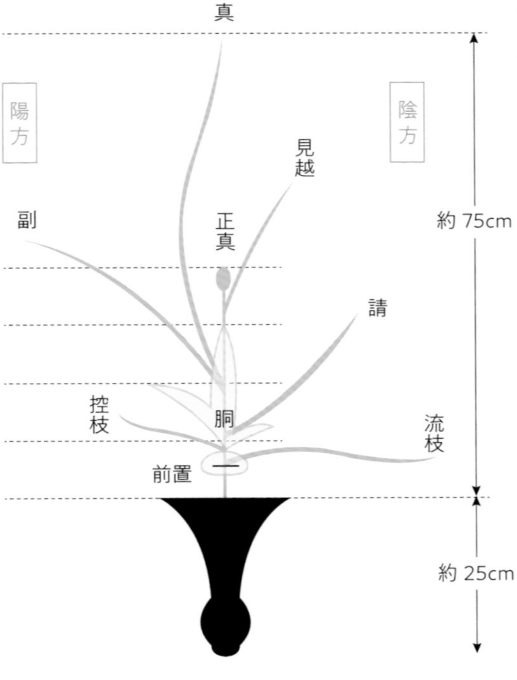

役枝の役割とあしらい

九つの役枝の役割は次の通りです。

真　一瓶の主題

副　真を生かす

請　真と副の力を受ける

控枝　請と調和し、副の下の空間を充実させる

流枝　請・控枝とのバランスを取る

見越　遠景を表し、奥行きを出す

正真　一瓶の正中線を示す

胴　全体を引き締め、中央部に力を持たせる

前置　一瓶の要。全体をまとめ、安定させる

どれが欠けても、空間や前後左右のバランスが崩れてしまいます。

あしらいは、九つの役枝で立花を形成した際に、空間や彩り、働き、力などを補うもので、入れなければならないものではありません。ただし、陽留・陰留（木留・草留）は必ず入れます。後囲も通常は省略されることはありません。

入れられることの多いあしらいは、次の通りです。

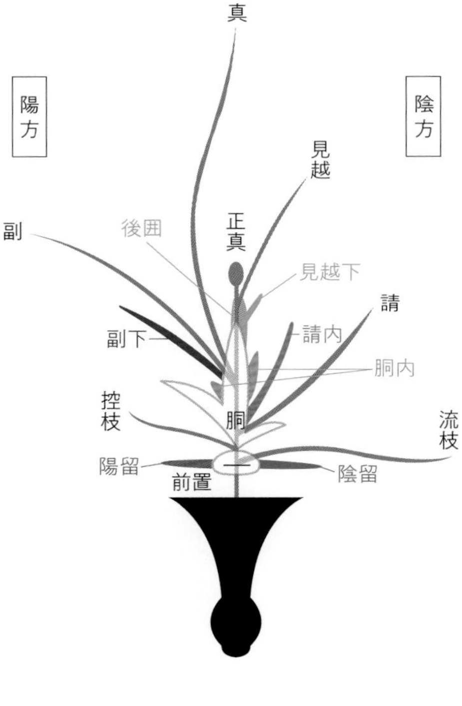

控枝方へ

草物の役枝側へ草の縁をつなぐ

正真、見越下、胴内から草物の控枝へと草の縁を続け、控枝方へ草留を入れます。

〈花材〉おおでまり　山吹　リアトリス　オクロレウカ　とが　いぶき
つげ　小菊　玉しだ　松　しゃが

〈挿し口図〉

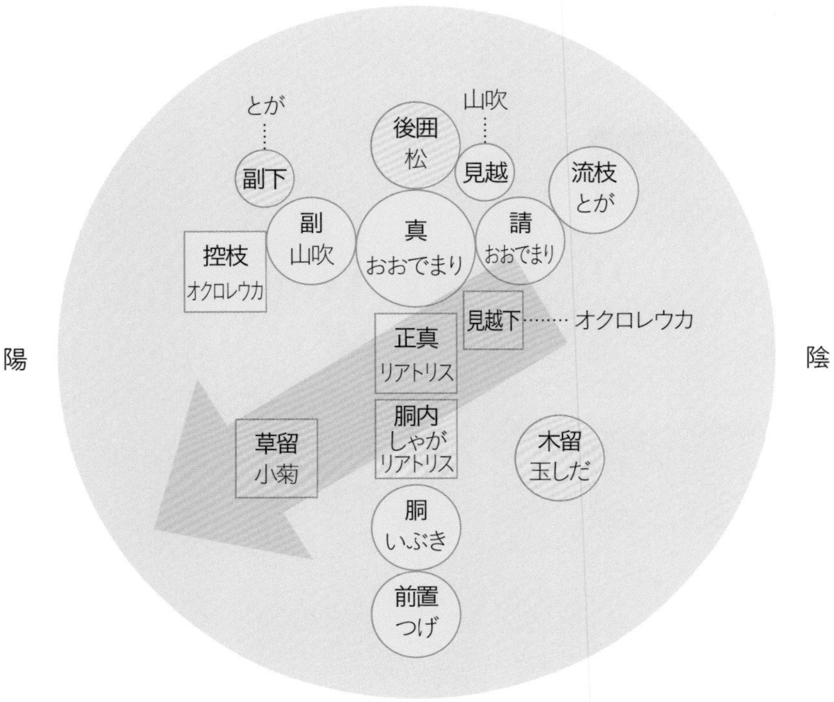

○ 木物　□ 草物　● 役枝　● あしらい　草の縁のつながり

流枝方へ

草物の役枝側へ草の縁をつなぐ

正真、副下、胴内から草物の流枝へと草の縁を続け、流枝方へ草留を入れます。

〈花材〉おおでまり　山吹　リアトリス　オクロレウカ　いぶき　つげ
玉しだ　小菊　松　しゃが

〈挿し口図〉

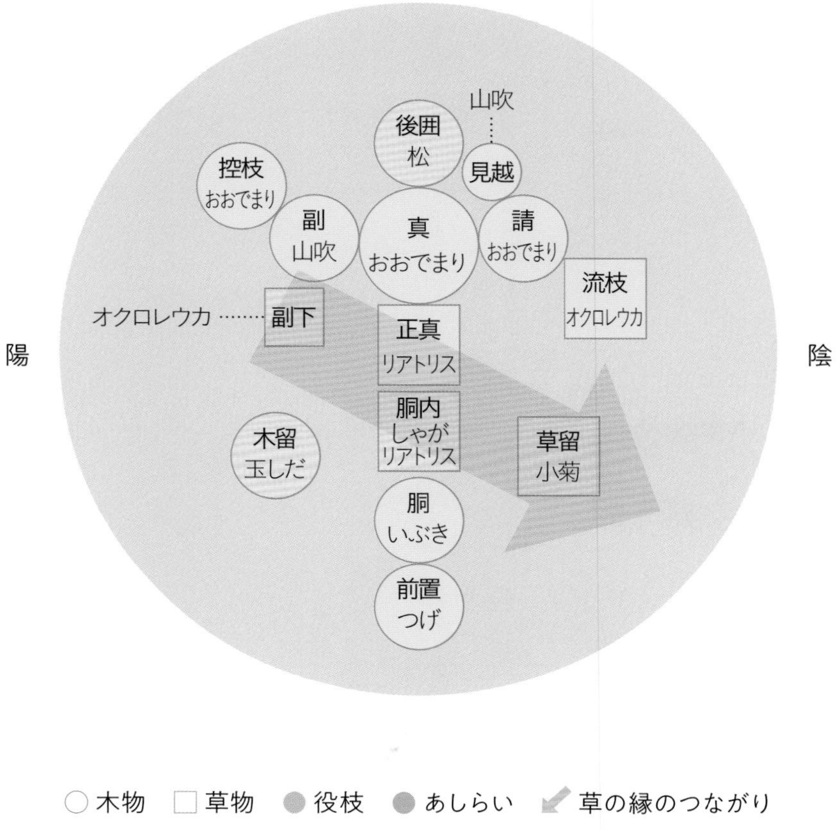
山吹
後囲
松
見越
控枝
おおでまり
副
山吹
真
おおでまり
請
おおでまり
流枝
オクロレウカ
オクロレウカ
副下
正真
リアトリス
陽
陰
胴内
しゃが
リアトリス
木留
玉しだ
草留
小菊
胴
いぶき
前置
つげ
木物
草物
役枝
あしらい
草の縁のつながり

順草下り

あしらいで草の縁をつなぐ

正真から請内へ、請内から胴内を通り、控枝方へ草道を下ろして草留を入れます。

〈花材〉松　夏はぜ　つるうめもどき　ききょう　いぶき　つげ
なでしこ　プテリス　ひおうぎ　まさき

〈挿し口図〉

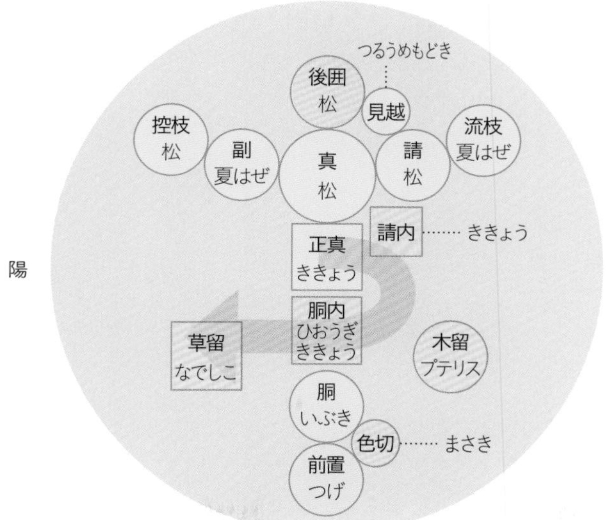

○木物　□草物　●役枝　●あしらい　草の縁のつながり

あしらいで草の縁をつなぐ

順草直下り

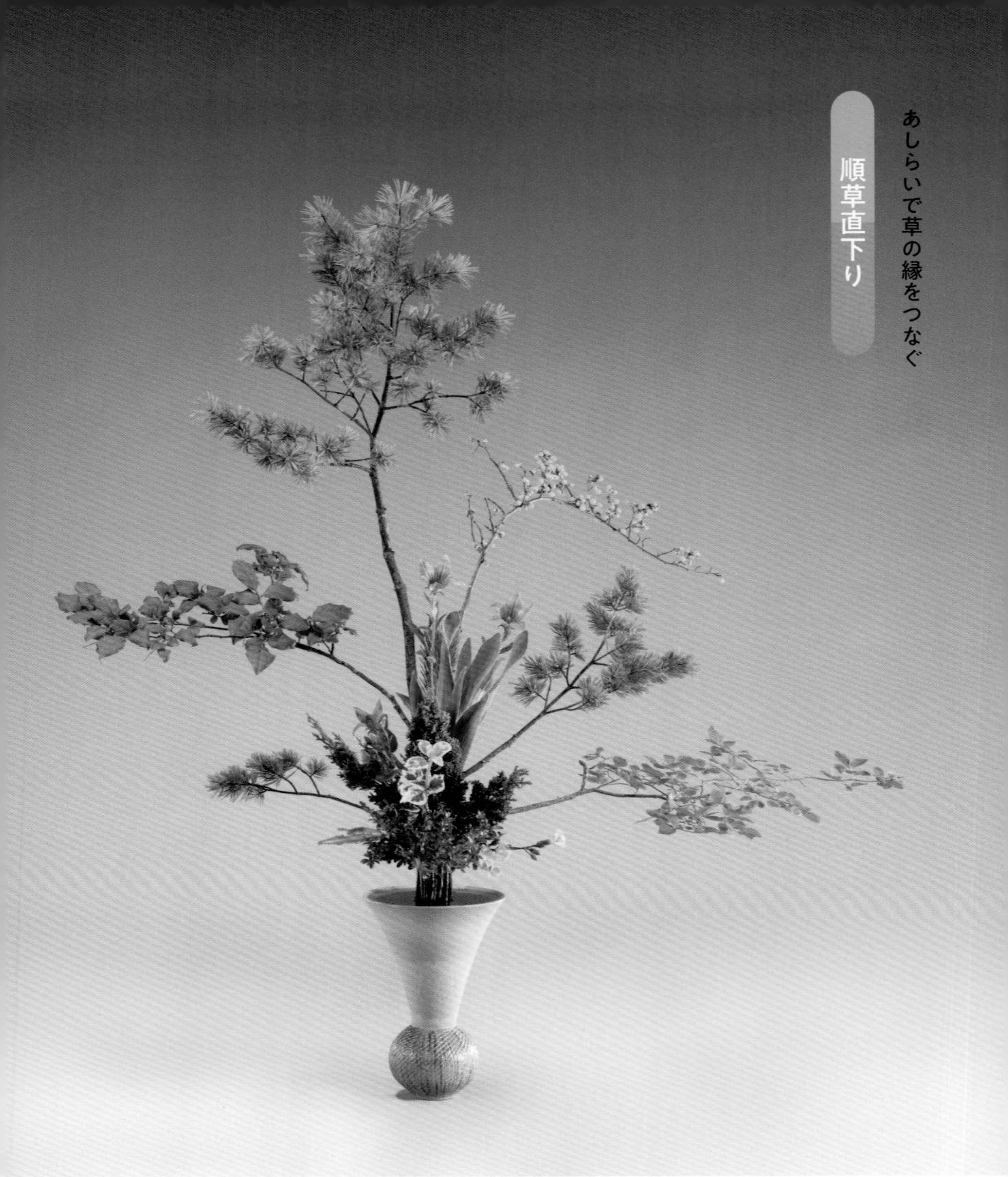

正真から請内へ、請内から胴内に下ろした草道を、流枝方へ向かわせて、草留を入れます。

〈花材〉松　夏はぜ　つるうめもどき　ききょう　いぶき　つげ
プテリス　なでしこ　ひおうぎ　まさき

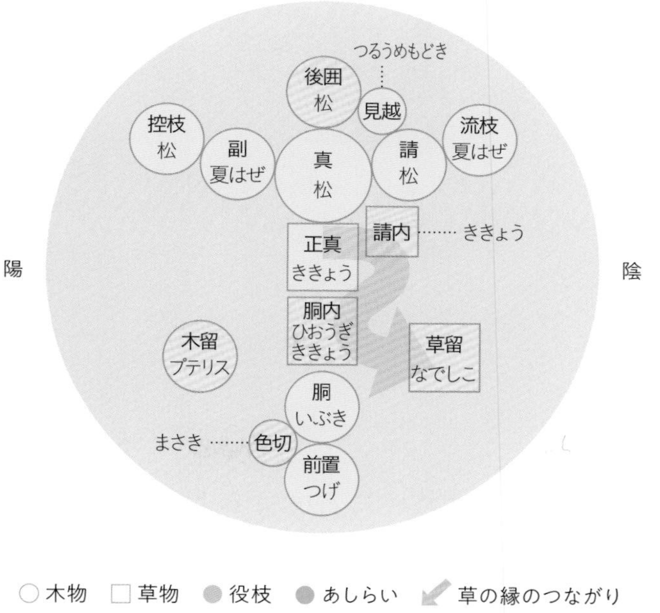
つるうめもどき
後囲
松
見越
控枝
松
副
夏はぜ
真
松
請
松
流枝
夏はぜ
請内
ききょう
正真
ききょう
陽
陰
胴内
ひおうぎ
ききょう
木留
プテリス
草留
なでしこ
胴
いぶき
まさき
色切
前置
つげ
○木物 □草物 役枝 あしらい 草の縁のつながり

〈挿し口図〉

逆草下り

あしらいで草の縁をつなぐ

正真から副下へ、副下から胴内を通り、流枝方へ草道を下ろして草留を入れます。

〈花材〉松　夏はぜ　つるうめもどき　ききょう　いぶき　つげ
プテリス　なでしこ　ひおうぎ　まさき

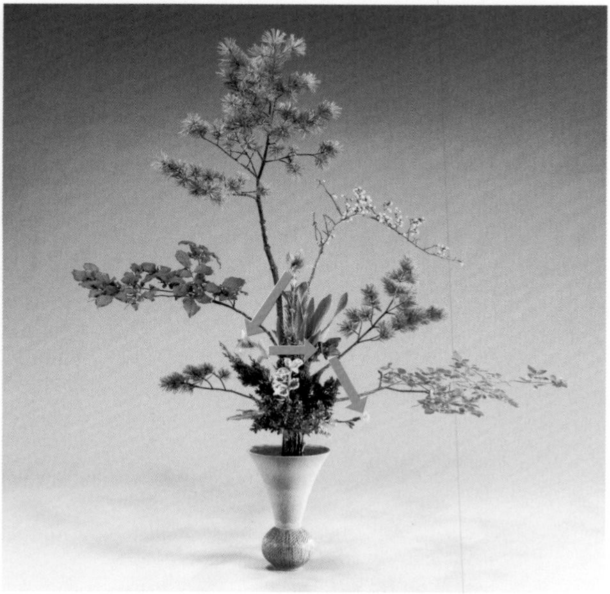

〈挿し口図〉

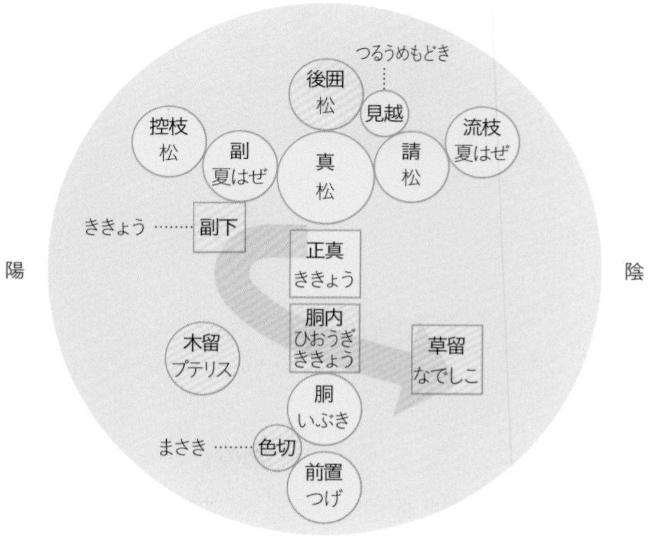

○木物　□草物　●役枝　●あしらい　↙草の縁のつながり

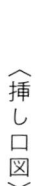

逆草直下り

あしらいで草の縁をつなぐ

正真から副下へ、副下から胴内に下ろした草道を、控枝方へ向かわせて、草留を入れます。

〈花材〉松　夏はぜ　つるうめもどき　ききょう　いぶき　つげ
なでしこ　プテリス　ひおうぎ　まさき

〈挿し口図〉

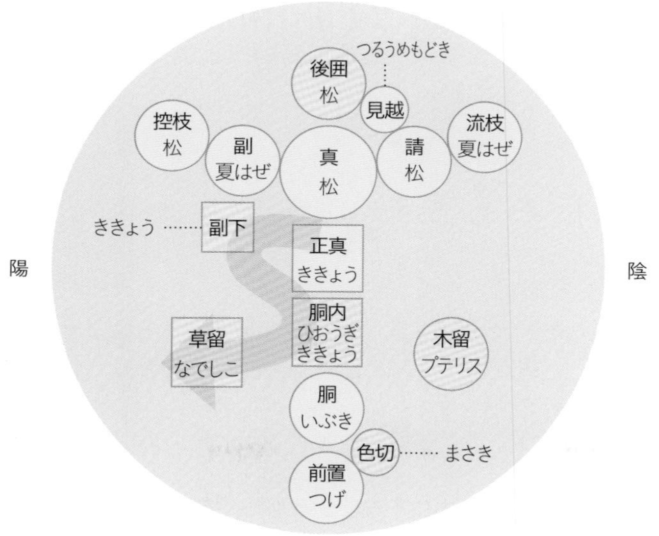

○ 木物　□ 草物　● 役枝　● あしらい　草の縁のつながり

下段大遣いの留《とめ》の挿し口

前置と控枝、あるいは前置と流枝に同一花材を用いた場合、この二つの役枝間で続いている同一花材の縁を切らないよう、控枝あるいは流枝の挿し口を前方に移動させ、留はその後ろに挿します。

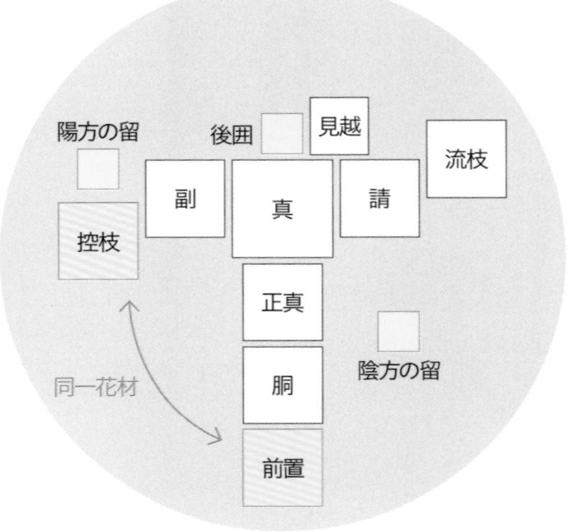

前置と控枝が同一花材の場合

例えば、前置と控枝が同一花材の場合、陽方に入れる留の位置は、通常なら控枝の前方に入れるものを、控枝の後ろに挿します。

また、前置と流枝が同一花材である場合も同様、陰方に入れる留は流枝の後ろに挿します。

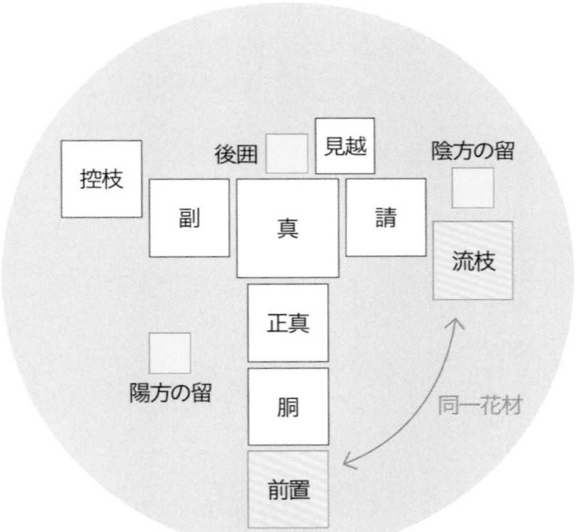

前置と流枝が同一花材の場合

第2章

除真の立花

三カ所遣い　草物のみ①

あしらい無し

役枝 ＋ 陽留 陰留 後囲

胴をおみなえしとききょうで構成しています。おみなえしが透けて、胴が痩せて見えるため、ここにあしらいとしてりんどうとひおうぎを入れると、左ページのようになります。

あしらい有り

〈花材〉菊　りんどう　オクロレウカ　おみなえし　ききょう　鳴子ゆり　小菊　玉しだ
ウーリーブッシュ　ひおうぎ

三カ所遣い　草物のみ②

あしらい無し

役枝 ＋ 陽留 陰留 後囲

垂れたけいとうの葉は、元気がないように見えるので、適宜省略します。けいとうの茎が見え過ぎないよう気を付けましょう。胴のあしらいにりんどうとひおうぎを入れると、左ページのようになります。

あしらい有り

〈 花材 〉 けいとう　りんどう　オクロレウカ　メリー　鳴子ゆり　小菊
玉しだ　ウーリーブッシュ　ひおうぎ

三カ所遣い　木物＋草物　木物の真①

あしらい無し

役枝 ＋ 陽留 陰留 後囲

あしらいとして胴内、請内にアイリスを入れ、空間を充実させていくと、左ページのようになります。前置に入れた椿の花一輪が、作品を明るく見せます。

あしらい有り

〈花材〉さんしゅゆ　オクロレウカ　アイリス　いぶき　椿　玉しだ　小菊　松

三カ所遣い　木物＋草物　木物の真②

あしらい無し

役枝 ＋ 陽留 陰留 後囲

三カ所遣いとした桃は、枝の優しい表情を捉えて用います。アレカヤシの葉が多過ぎる場合は、適当に省きましょう。胴のあしらいにかきつばたとひおうぎを入れ、請の内側にかきつばたを入れると、左ページのようになります。

〈花材〉桃　アレカヤシ　かきつばた　つげ　しゃくやく　玉しだ　なでしこ　松　ひおうぎ

三カ所遣い　木物＋草物　草物の真①

あしらい無し

役枝 ＋ 陽留 陰留 後囲

やまなしが流枝だけに使われているので、副下にも入れます。花材の配置を考える際は、あしらいに用いることも視野に入れていきます。さらに請の内側と胴のあしらいにヘリコニアを入れると左ページのようになります。

あしらい有り

〈 花材 〉バラ　山吹　ヘリコニア　やまなし　かえで　つげ
フリージア　玉しだ　ウーリーブッシュ　しゃが

三カ所遣い　木物＋草物　草物の真②

あしらい無し

役枝 ＋ 陽留 陰留 後囲

印象的な花を付けるグロリオサは、表情をよく見て重なりや垂れた葉などに注意して立てます。正真に用いたヘリコニアをあしらいにも入れ、空いた空間を埋めていくと、左ページのようになります。

〈花材〉グロリオサ　やまなし　ヘリコニア　おおでまり　つげ　なでしこ　玉しだ　松　しゃが

二カ所遣い　草物のみ①

あしらい無し

役枝 ＋ 陽留 陰留 後囲

二カ所遣いの立花は、花材の扱いがより象徴的になります。アンスリウムの茎が持つ線の美しさをよく見せています。請の内側、胴の内側にあしらいとしてヘリコニアを入れると左ページのようになります。

〈 花材 〉アンスリウム　ヘリコニア　縞ふとい　オクロレウカ　メリー　ゴッドセフィアナ
なでしこ　玉しだ　ウーリーブッシュ

二カ所遣い　草物のみ②

あしらい無し

役枝 ＋ 陽留 陰留 後囲

輪の大きなダリアのボリュームに負けないよう、他の役枝もしっかりと力を感じさせるように働かせます。さらにあしらいとしてヘリコニアを入れて中央部に彩りを加えると、左ページのようになります。

あしらい有り

〈 花材 〉 ダリア　クロトン　オクロレウカ　ヘリコニア　メリー　ゴッドセフィアナ
なでしこ　玉しだ　ウーリーブッシュ

二カ所遣い　木物+草物　木物の真①

あしらい無し

役枝 + 陽留 陰留 後囲

胴と前置に同じ色の花材が続くとき、その境を明確にするために「色切」と呼ばれるあしらいを入れることがあります。さらに、胴内に菊を入れると左ページのようになります。

〈花材〉桜　とが　オクロレウカ　菊　いぶき　つげ　玉しだ　小菊　松　まさき

二カ所遣い　木物＋草物　木物の真②

あしらい無し

役枝 ＋ 陽留 陰留 後囲

役枝のバランスは、長さ、太さ、面の大きさで変わります。基本の姿をもとに花材の特徴をよく捉えて表現しましょう。胴内にりんどうとしゃが、請内にりんどうを入れると左ページのようになります。

あしらい有り

〈花材〉かくれみの　ぼけ　りんどう　びわ　オクロレウカ　いぶき　夏はぜ
玉しだ　小菊　松　しゃが

二カ所遣い　木物+草物　草物の真①

あしらい無し

役枝 ＋ 陽留 陰留 後囲

輪の大きなゆりは頭が重いので、出所の部分にしっかりと針金を添わせます。立花上達への近道は、針金やテープを巻く作業を丁寧に行うことです。胴内と請内にリアトリスを入れると左ページのようになります。

あしらい有り

〈花材〉ゆり　夏はぜ　オクロレウカ　リアトリス　いぶき　つげ　なでしこ　玉しだ　松　まさき

二カ所遣い　木物＋草物　草物の真②

あしらい無し

役枝 ＋ 陽留 陰留 後囲

白い花と色の濃い花材のコントラストを生かします。胴内にヘリコニアとひおうぎ、請内にヘリコニアを入れることで、あしらいなしの作品の痩せた印象の姿が、左ページのように大きく変化します。

あしらい有り

〈 花材 〉 レウココリネ　アレカヤシ　ヘリコニア　クロトン　黒芽柳　いぶき　しゃくやく
なでしこ　玉しだ　松　ひおうぎ

三段除

今日の立花正風体では、真の除《のき》の位置として上中下が設定されており、それぞれ上段除、中段除、下段除といいます。なお下段除のうち、水際を出所とするものを、特に水際除といいます。

基本の立花は、中段除としますが、花材の状況、花器の形、作品の意図によってこれを変化させます。また、三段に分けた除の位置はあくまで目安であり、上段と中段の間や、中段と下段の間に出所を設定しても構いません。

除の位置が下がると、役枝の出所同士の間隔が狭くなり、制作しづらくなります。そこで、下段除の時には、「請上り内見越」という手法があります。52ページで解説します。

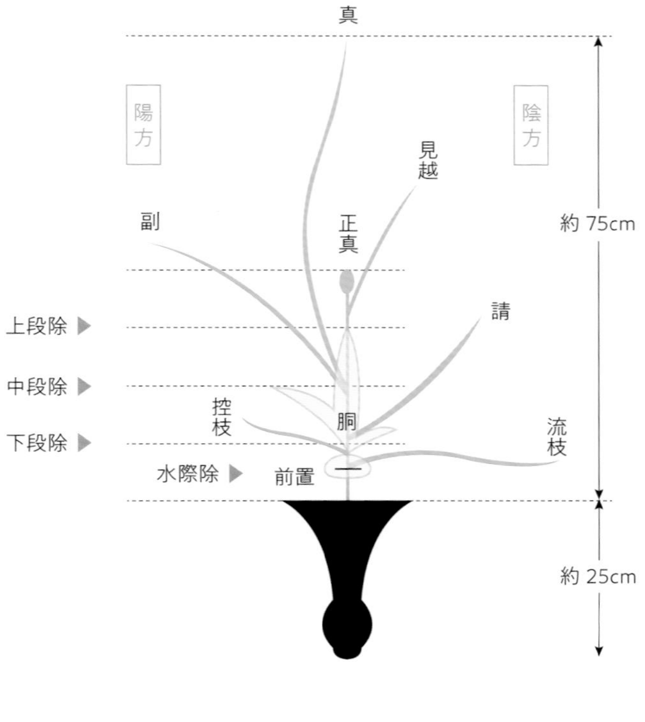

上段除

上段除の場合、わずかに正真の位置を高くすると、バランスが良くなります。

〈花材〉松　菊　おぎ　かきつばた　つげ　夏はぜ　ひのき　ひおうぎ　おぐるま

中段除

中段除の場合、他の役枝の出所を設定しやすく、作品全体が安定して見えます。

〈花材〉やつで　オクロレウカ　ヘリコニア　つるうめもどき　おみなえし
クロトン　なでしこ　玉しだ　ウーリーブッシュ

下段除

下段除の場合、役枝同士の出所が狭くなるため、「請上り内見越」とします。

〈花材〉れんぎょう　アイリス　ひのき　つつじ　いぶき　椿　なでしこ　玉しだ　松　しゃが

請上り内見越

真を下段除とした場合、その他の役枝同士の間隔も狭くなってしまいます。特に請は、出所が低くなることで、うまく働かせることが難しくなり、一方で通常の請の出所とした場合は、真の出所と同じになってしまいます。

こうした状況への対処として『習物七ヶ條』に「請上り内見越」が伝えられています。内容は、真の除が低い時には、請の出所を見越の位置にまで上げるというもの。そしてその場合、通常の場所に見越を入れることができないので、真の内側から見越を出すというものです。この「請上り内見越」については、請を高く扱うということから「高請」と呼ばれることもあります。

「請上り内見越」を行う上での注意点は、見越の強調ではないということです。一見すると両者はよく似たものとなりますが、真の出所の場所、内見越の有無など、相違点をよく理解しておく必要があります。また、条文はじめに「下段除き水際除きハ……」と書かれており、あくまで真の除が低い時の手法ということを覚えておいてください。真の姿を基準にして行われるものなので、「請上り内見越」をするために真の除を低くすることはありません。

基本的な役枝の挿し口は変わりませんが、見越を真と正真の間に見せるため、その挿し口のみ真の後ろの陽方に移します。

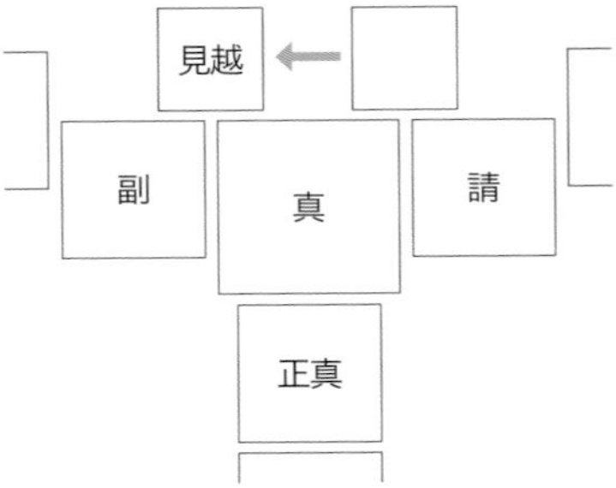

第3章

直真の立花

直真の立花

立花正風体には、真が曲がりを見せる除真の立花と、真がまっすぐに立ち伸びる直真の立花があります。

真に曲がりがある場合、その真の姿が他の役枝の動きや力にも影響を及ぼしますが、真がまっすぐに立つ姿の場合は、他の役枝の動きも抑えられ、全体として端正な佇まいとなります。

除真の立花は、真の動きが見どころの一つとなるため、正真の高さを真の半分ほどとするのを基本の姿に定め、真の動きをよく見せます。一方、曲がりのないまっすぐな真のとき、正真を真の半分にすると、正真から上が間延びした印象となることがあります。そのような場合は、正真の高さを真の半分より少し高めに設定することで全体のバランスを取ることができます。ただし、真の立ち姿や、茎の線がきれいなものは、その限りではありません。花材の持つ性状、姿に応じて正真の高さを決めるとよいでしょう。

立花正風体を真・行・草に分類した時、直真の立花は、最も格式の高い真の立花で、めでたい席やかしこまった席にふさわしい立花ということになります。必然的に、使用する花材もそれに合わせたものとなりますが、環境に応じて直真の立花を立てるほかに、花材の性状を見極め、直真で立てた方が美しい場合もあるでしょう。そのような時は、適宜取り合わせる花材を選択します。

かつて、直真の立花の場合の正真は、真の前に位置して真を隠してしまうことから、「真隠」と呼ばれました。今日では「真隠」の語は用いられず、除真・直真共に「正真」で統一されています。

若松の直真

若松は立ち姿が美しく、直真の立花に最適です。花材の持つ格の高さが感じられます。

〈花材〉松　菊　ひのき　雪柳　ぼけ　赤芽柳　いぶき　つげ　小菊　玉しだ　まさき　びわ

五葉松の直真

五葉松の類は、立ち枝と横枝を用い、上中下段に配置します。

〈花材〉松　さんしゅゆ　アイリス　いぶき　椿　なでしこ　玉しだ　びわ　しゃが

竹の直真

竹の直真は、付き枝の垂れた側を副方とします。付き枝が副の位置まで働く場合は、臨機応変に対応します。

〈花材〉竹　ひのき　菊　松　いぶき　つげ　山しだ　りんどう　びわ　かなめ

草物の直真①

洋物の花材には特徴あるものも多く、直真の姿に立てることで、新たな魅力が出ます。

〈花材〉 ブルビネラ　こでまり　ヘリコニア　オクロレウカ　メリー
ゴッドセフィアナ　なでしこ　玉しだ　ウーリーブッシュ　ひおうぎ

草物の直真②

直真には、上部にボリュームがあり、まっすぐな性状を持つ花材が適しています。

〈花材〉キペルス　縞すすき　けいとう　クロトン　オクロレウカ　メリー
鳴子ゆり　なでしこ　玉しだ　ウーリーブッシュ　ひおうぎ

三具足の花

三具足とは、仏前に供養物として置かれる花瓶・香炉・燭台のことで、向かって左が花瓶、中央が香炉、右が燭台と定められています。この時、三具足の花は直真とし、三具足の両脇にさらに花が置かれる場合は、それを除真とします。両脇の花は一対となるように、向かって左を本勝手に、右を逆勝手に立てます。

仏教では五具足もありますが、これは香炉を中心に、花瓶と燭台を一対とします。従って五具足と脇花一対を置くものとは異なります。

三具足の様子が描かれているいけばな史料には鶴の燭台を描くものが多いのですが、特にこれにこだわる必要はありません。今日では鶴の燭台を用いる宗派は限られているようです。

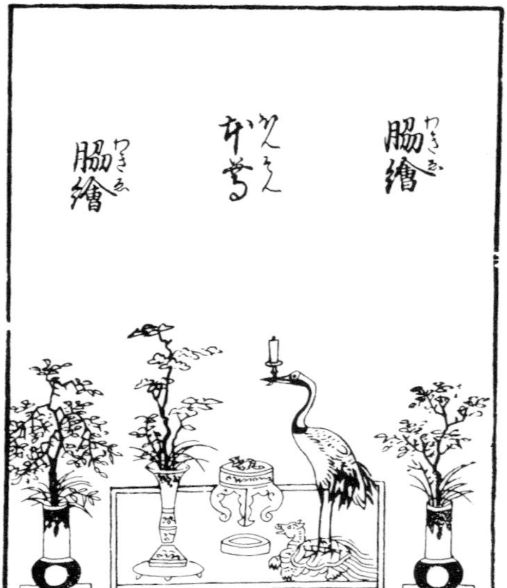

『仙伝抄』より

第4章

役枝の強弱　花器の変化

役枝の強弱

請の強調①

請の一枝を力強く扱っています。真の持つおおらかな葉の動きを、請が受け止めています。

〈花材〉うらじろ　アプライト　水仙　スパティフィルム　デンドロキルム
ぼけ　柏葉ゴム　チョイシア　スキンミア　プテリス　フリージア　ひのき

請の強調②

れんぎょうのおおらかな姿を捉え、請に大きくなびかせました。副の力を弱めることで、より請を効果的に見せています。

〈花材〉オクロレウカ　ヘリコニア　ゴム　れんぎょう　メリー　鳴子ゆり
玉しだ　フリージア　ウーリーブッシュ　雪柳

見越の強調

見越に藤を用い、見どころとしています。藤を印象的に見せるため、他の役枝は軽めに扱っています。

〈 花材 〉 縞ふとい　山吹　藤　ヘリコニア　クロトン　紫ラン
ゴッドセフィアナ　フリージア　玉しだ　メリー

見越の強調＋左流枝

見越の大きな動きに対し、左流枝で対応しました。控枝の位置に流枝を入れることを左流枝といいます。

〈花材〉アンスリウム　縞ふとい　こばのずいな　ヘリコニア　マンデビラ　オクロレウカ
メリー　レクス・ベゴニア　なでしこ　玉しだ　メリタリーフ　ウーリーブッシュ

大内見越＋左流枝①

大内見越としたこでまりと、請のアンスリウムの力を受け、左流枝でバランスを取っています。

〈花材〉アンスリウム　オクロレウカ　こでまり　ヘリコニア　アマゾンリリー
鳴子ゆり　玉しだ　フリージア　ソリダゴ　メリー　クロトン

大内見越＋左流枝②

見越を目立たせるため大内見越としました。大きくなびき、垂れる花材の持ち味を生かす手法です。

〈花材〉ラン　スプレンゲリ　赤柳　クロトン　しゃが　グズマニア
シュスラン　コプロスマ　なでしこ　玉しだ　ウーリーブッシュ

花器の変化

小ぶりの立花①

小ぶりの立花は、これからの住空間に合うものです。小さくても品格を大切にしなければなりません。

〈花材〉 クロトン　縞ふとい　ヘリコニア　しだ　コプロスマ
鳴子ゆり　なでしこ　玉しだ　メリー　ミラ

小ぶりの立花②

小ぶりの立花では、基本の立花のサイズでは真に用いられることがなかった花材にも、光が当たります。

〈花材〉ききょう　オクロレウカ　けいとう　クロトン　おみなえし
レクス・ベゴニア　ブルースター　しだ　ウーリーブッシュ

長瓶の立花①

長瓶の立花は、作品全体がスタイリッシュに見えます。用いる花材が従来の物でも、目に新鮮に映ります。

〈花材〉柳　松　とが　ぼけ　水仙　いぶき　椿　玉しだ　びわ

長瓶の立花②

長瓶でバランスの取れた作品とするには、水際より上の部分の高さを抑えるとよいでしょう。

〈花材〉松　つるうめもどき　ききょう　ひのき　オクロレウカ　びわ
いぶき　夏はぜ　なでしこ　玉しだ　しゃが

広口の立花

広口で背の低い花器は安定感があり、ボリュームのある花材を使うことができます。

〈花材〉おおかやつり　縞ふとい　ヘリコニア　たにわたり　コプロスマ
鳴子ゆり　おぐるま　玉しだ　ウーリーブッシュ

第5章

習物七ヶ條
立花十九ヶ條
砂之物

習物七ヶ條

『習物七ヶ條』は、脇教授二級で下付されるもので、その名の通り七つの「習い」が記されています。それぞれの項目は次の通りです。

昇り胴大遣の事
受上り内見越 大内見越の事
水仙なげ葉の事
藤かけ松の事
薄一葉の事
二枚大葉の事
谷草の事

いずれも、花材を扱う上での対処方法であり、うまく立花を立てるための知恵が示されています。例えば52ページで説明した「請上り内見越」は、真の出所が低い時の対処として、請の出所を見越の位置に上げ、見越は通常の出所の反対側である真と正真の間に見せるという習いです。

これらの条文は、伝統的な立花が立てられていた時代からの伝承を今に伝えるもので、現代の花材事情や表現から離れているものがあります。しかし、この習いを参考とすることで、うまく花材の配置、構成ができる場合も多く、その汎用性は時代を超えています。

『習物七ヶ條』は複数組み合わせて使うことができます。一方、『立花十九ヶ條』は、組み合わせて使うことができません。これは、『立花十九ヶ條』の一つ一つが特殊な立て方で作品の見どころを作っているため、伝を重ねると、作品の意図がぼやけてしまうからです。『習物七ヶ條』と『立花十九ヶ條』の組み合わせは可能です。

立花十九ヶ条

『立花十九ヶ條』は、准教授三級で下付される伝書で、通常の立花の制約の中ではできない表現を、別途定めたものです。それぞれの項目は次の通りです。

松一色の事　燕子花一色の事
桜一色の事　蓮一色の事
菊一色の事　紅葉一色の事
水仙一色の事　松の胴の事
竹の胴の事　牡丹胴の事
松前置の事　万年青前置の事
歯朶前置の事　受流枝の事
中段流枝の事　左流枝の事
二真の事　合真の事
檀躑躅の事

すべてにおいて高度な技術を要し、伝統的な立花の技法として受け継がれています。

その中にあって、今日の立花でもよく活用されるのが「左流枝」です。これは、陰方に働く役枝との関係により行われる構成上の技法で、全体のバランスを保つものです。そこで、基本は伝を重ねることを避けるべきなのですが、この「左流枝」だけは、他の伝と合わせて行われることがあります。

『立花十九ヶ條』のうち、「〜一色」と呼ばれる七つの立花は、特に「七一色」と呼ばれています。「一色」は一種類の花材という意味ですが、他に少量の花材を取り合わせ、主となる花材を際立たせるものもあります。

今では、十九の伝が一つにまとめられていますが、古くは一ヶ条ずつ下付されていました。

砂之物

砂之物は「砂物」とも書き、通常の立花とは異なる比率で役枝が構成されます。「一株砂之物」と「二株砂之物」があり、通常の立花は縦長ですが、砂之物は棚の下に置かれる花のため、横長の姿となります。

砂之物はその名前の通り、花器に水を見せるのではなく砂を敷くために、そう呼ばれるようになりました。ただし、水物ばかりを立てる砂之物の場合は、砂ではなく水を見せます。

用いられる役枝は通常の立花と同じですが、砂之物では特に真と流枝に力を持たせます。このことにより、全体の高さが低くなっても、一瓶の中心となる真の存在感が高まり、また横に広がる空間が強調されます。

砂之物の技法については口伝が多く、伝統的な立花の知識も必要で、その習得には時間がかかるものです

古くは大きな砂之物が立てられることがありました。
作品は、右端の絵画のタカが、松の枝にとまるかのように趣向を凝らしたものです。
制作：豊田 光政

が、年々人気は高まっています。

現代的な砂之物の表現の中には、白砂の清楚な印象を生かし、あえて線の花材や小さな草木で構成したり、白砂を黒砂に変えて渋い表現を狙ったりして、古典のイメージを出さないものもあります。単に砂を見せ、花丈低く立てるものではないことを、よく理解しなければなりません。

砂之物のルーツは、州浜や盆景の要素も含むことから、いまだによくわかっていない部分があります。二代専好が、宮中で砂之物を立てた記録があるので、立花様式の大成後、早い時期に立てられていたことは確かです。

世に最も知られている砂之物は『文禄三年前田亭御成記』に記された四間床（七メートル強）の大砂之物でしょう。これは、秀吉が前田利家邸を訪れた際に初代専好が立てたとされる砂之物で、作品の背後に掛けられた四幅の絵図に描かれていた猿猴が、大松の真の枝で遊んでいるようだったといいます。

『文禄三年前田亭御成記』より
（国立国会図書館デジタルコレクション）

な

は

ま

や

ら

花材さくいん

著者プロフィール

豊田《とよだ》 光政《みつまさ》

1993年　池坊に入門
2017年　池坊中央研修学院准教授

おけいこサプリ 立花プラス

発　行　日：2021年10月4日　第1版第1刷発行

監　　　修：池坊 専永
著　　　者：豊田 光政
発　行　者：池坊 雅史
発　行　所：株式会社 日本華道社
〒604-8134
京都市中京区烏丸三条下ル堂之前町235
電話　営業部075-223-0613
編集部075-221-2687
編　　　集：日本華道社 編集部
デザイン・制作：Seeds of Communication
印刷・製本：図書印刷株式会社

ISBN 978-4-89088-174-1